지은이 알렉스 프로크샤트 Alex Preukschat

1975년 스페인 알메리아에서 태어났다. 현재 오로이피난사스닷컴(OroyFinanzas.com)의 공동 편집자이자, 암호화 화폐 분석가다. 독일과 스페인에서 비즈니스 관련 공부를 했으며, 스페인어·독일어·영어·프랑스어에 능통할 뿐 아니라 중국어와 러시아어도 구사할 수 있다. 알렉스는 화폐가 지니는 의미와 가치를 재정립하고, 도구로서 더 잘 활용할 수 있도록 돕는 일을 해오고 있다. 현재는 가상화폐 비트코인에 지대한 관심을 갖고 있다. 어릴 때부터 만화광이었던 그는 이 책을 통해 유럽 만화출판계에 작가로서 명성을 떨쳤다.

지은이 요셉 보우스켓 Josep Busquet

1975년 스페인 바로셀로나에서 태어났다. 어릴 때부터 서사 만화가가 되는 꿈을 품고 있었다. 스페인에서 가장 유명한 만화학교인 호소 만화학교(Joso Comic Academy)에서 공부한 후, 음악가나 스포츠 팀 등의 팬을 대상으로 한 잡지를 자비 출간했다. 1996년, 만티코어(Manticore) 시리즈로 명성을 쌓기 시작했으며, 이후 『베이컨과 친구들 Bacon and Friends』(2012년)을 비롯해 수많은 작품을 세상에 알렸다. 스페인의 유명 간행물인 『엘 후에베스El Jueves』 『아마니아꼬Amaniaco』 등의 편집 책임자로도 일했으며, 많은 작품들이 프랑스·이탈리아·영국에서 번역 출간되었다.

그린이 호세 엔젤 아레스 José Ángel Ares

1979년 스페인 빌바오에서 태어났다. 다양한 잡지에 작품을 발표한 일러스트레이터로 자선사업에도 재능기부를 하고 있다.

옮긴이 김진희

연세대학교에서 경영학 석사학위를 받은 후, UBC경영대학원에서 MBA 과정을 수학했다. 옮긴 책으로는 『4차산업혁명의 충격』 『진흙, 물, 벽돌: 세상을 바꾼 착한 금융 키바 이야기』 『이코노미스트 2016 세계경제대전망』 등이 있다.
jodiekim.tistory.com | facebook.com/jodiehkim

디자인 erincompany@naver.com

비트코인

탄생의 비밀

할 피니(Hal Finney)*를 기리며
1956년 5월 4일~2014년 8월 28일

* 최초의 비트코인 수령자이자 암호 전문가로
나카모토 사토시와 함께 초창기 비트코인 개발에 기여한 인물임.
루게릭병으로 투병하다가 세상을 떠남.

세계인들이 열광한 가상화폐 스토리

비트코인
탄생의 비밀

알렉스 프록샤트 & 요셉 보우스켓 지음
호세 엔젤 아레스 그림

알투스

>_ 독자에게 전하는 글

우리는 독자들이 이 그래픽노블을 재밌게 읽기를 바란다. 우리 세 명의 저자는 이 책을 만드는 데 열정을 다하고 심혈을 기울였다.

아마도 비트코인은 지난 20년 동안 인터넷의 출현이 우리 삶에 끼친 영향력과 비슷하거나 그보다 더 큰 영향력을 끼치는 화폐 기술의 혁명이 될 것이다. 비트코인은 난데없이 불쑥 나타난 개념이 아니다. 이는 암호화와 피어 투 피어 기술, 민주주의, 개인 자유 옹호와 같은 다양한 분야가 어우러진 통합된 개념이다. 이러한 비트코인의 목표는 더 나은 세상을 만드는 것이다.

우리는 아직 비트코인 기술이 정말로 더 나은 세상을 만들 수 있을지는 확신할 수 없다. 하지만 비트코인 기술은 전 세계 수천 명에 달하는 개발자와 열광적인 지지자들에게 영감을 불어넣어 이들이 스스로 비트코인 기술을 채택하도록 했다. 나카모토 사토시는 분산 네트워크에서 피어 투 피어 지불을 촉진하는 근본적 기술 문제를 비트코인으로 해결한 장본인이다. 이 분산 네트워크에서 우리는 특정 비트코인을 한 번만 보낼 수 있으므로 이른바 이중 지출(Double Spending)의 문제를 피할 수 있다.

비트코인 블록체인 기술은 일반적으로 비트토렌트(Bittorrent)처럼, 다른 피어 투 피어 기술이 미친 영향력과 동일한 영향력을 끼칠 수 있으며, 특히 음악 산업과 영화 산업에 영향을 미칠 수 있다.

이와는 대조적으로, 비트코인을 온라인 불법 마약 시장인 '실크로드'처럼 다룬 언론 보도로 대중에게는 부정적 기술로 더 잘 알려졌다. 하지만 이는 기술이나 비트코인 자체의 잘못이 아니라, 단지 우리가 사는 현실의 세태를 반영했을 뿐이다.

두서너 가지를 예로 들어보면, 페이스북·구글·트위터와 같은 기업의 발상지인 실리콘밸리는 비트코인을 토대로 하는 기술에 사활을 걸고 있다. 유니언스퀘어벤처스(Union Square Ventures)

ALEX PREUKSCHAT

의 마크 안드레센(Marc Andreessen, 과거 넷스케이프의 공동 창업자)과 프레드 윌슨(Fred Wilson)과 같은 주요 벤처 자본가들은 블록체인 기반 기술로 금융, 은행 그리고 모든 자산의 인증체계를 파괴적으로 혁신하기 위해 분산화 기술에 수백만 달러를 투자했다.

이제 암호화 기술과 피어 투 피어 기반 기술에 힘입어 비트코인은 기술의 발전과 이데올로기의 발전을 통합해나가고 있다. NSA의 정보수집 실태를 폭로한 에드워드 스노든(Edward Snowden), 위키리크스 창립자인 줄리안 어산지(Julian Assange), 메가업로드(Megaupload)의 창업자인 킴 닷컴(Kim DotCom)과 같은 사람들은 비트코인과 직접적인 관계는 없지만, 비트코인 분야의 여러 조력자와 선구적인 리더에게 영감을 불어넣은 자들이다.

또한, 암호학자인 휫필드 디피&마틴 헬만(Whitfield Diffie&Martin Hellman)과 데이비드 차움(David Chaum), 자유를 위해 강력한 암호 활용을 주장하는 컴퓨터과학자 닉 사보(Nick Szabo) 또는 웨이따이(Wei-Dai) 등도 마찬가지이다. 이들은 로비스트와 이익집단이 주도하고 있는 오늘날의 세상에서 약자가 강자와 동등한 기회를 얻는 세상을 만들고 싶어 했다. 이러한 세상은 약자가 기술과 암호화 화폐의 도움을 받아 사생활의 자유, 금융 관련 민주적 절차에 참여할 수 있는 권리를 보호받는 세상이다. 이 모든 이유를 종합해볼 때, 비트코인은 단지 화폐가 아니며 더 나은 세상을 위해 변화를 갈망하는 많은 사람들의 희망이다.

우리는 독자들이 이 그래픽노블을 읽고 영감을 얻어 돈과 비트코인, 분산방식 기술에 대해 더욱 많이 공부하기를 바란다. 우리가 이 책을 출간한 목적은 될 수 있는 한 전 세계를 대상으로 다양한 언어로 비트코인에 대해 알리고 교육하기 위해서이다.

알렉스 프록샤트

밥 갤트
나카모토 사토시로
추정되고 있는 인물.
마피아와
국가보안국 직원들에 의해
이중으로 쫓기고 있다.

사이퍼펑크 운동가
밥이 마피아 일당에
납치되지 않도록 돕는 인물.
그 또한 밥이 나카모토라는
기대를 하고 있다.

토니
마피아 두목의 아들.
마피아 두목인 아버지에게
인정받고 싶어
비트코인 창시자를
추적하고 있다.

오스카
토니의 친구, 슈퍼해커.
토니가 나카모토를 추적해
엄청난 양의 비트코인을 찾도록
부추긴다.

말렛
미국가보안국 팀장.
마피아에 진 빚이 많아
협박 당하고 있다.
비트코인 창시자를 찾아
거액을 차지하려는 욕심을 갖고 있다.

고스
미국가보안국 직원.
말렛의 명령으로
나카모토를 함께
추적하고 있다.

>_ …

>_ 때는 바야흐로 2013년. 비트코인에 대해 아는 사람은 많지 않았지만, 그 야말로 '비트코인 열풍'이 불어닥쳤다. 이 열풍을 일으킨 장본인은 바로 나카모토 사토시(Nakamoto Satoshi). 비트코인 계에 여전히 엄청난 미스터리로 남아 있는 인물이다*.

나카모토 사토시의 정체를 아는 사람은 아무도 없다. 이때 등장한 밥 갤트는 뭔가 골똘히 생각에 잠겨 있다. 그런 밥을 누군가 주시하고 있는데…

* 2016년 5월 2일 영국 공영방송 BBC는 호주의 사업가 겸 컴퓨터 공학자인 크레이그 스티븐 라이트(Craig Steven Wright)가 가상화폐 '비트코인'의 창시자인 '나카모토 사토시'와 동일 인물이라고 공개적으로 밝힘. 이 그래픽노블은 2009년 1월 비트코인이 첫 거래된 이후, 수년 동안 비트코인의 창시자가 정체불명이던 시기를 배경으로 함.

애들은 다 준비됐겠지?

두말하면 잔소리지.

끝내줘!
딱 영화 같아!

거지 같은 영화지.
지난번엔 난장판
이었잖아. 잡은 놈도
노코모쇼인가 하는
놈도 아니었고.

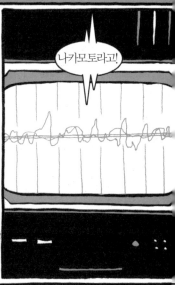

나카모토라고!

집에 도착했어요.
들이닥칠까요?

안 돼, 대기해.
목표물은 반드시
생포한다!

*비트코인 커뮤니티에서 "우린 망했어"라는 의미로 쓰이는 말.
"We are goxed,"는 세계 최초의 비트코인 거래소인 마운트 곡스(Mt. Gox)가 고객의 비트코인을 모두 잃고 여러 가지 위기를 겪다가 2014년 4월 도산한 데서 유래한 말이다.

19

경찰!!!
누가경찰좀불러줘요!!!

빅터? 나 웬디인데.
당신이 관심 가질 만한
정보가 좀 있어.
총 들고 설치는
놈들을 봤거든.

'나카모토'라고
부르던데.

지금
'나카모토'
라고 했어?

내가
척 노리스*
라도 되남?

내가
구하다니!

척 노리스: 미국의 영화배우이자 세계적으로 유명한 무술가이다.

26

뭐 찾으시는 거라도?

거긴 들어가면 안 돼요!

쫓기는 놈들이 저자가 좋아하는 예술가라도 모욕했나보군…

요즘 만화엔 폭력이 너무 많이 나와요.

28

안녕
하세요.

지나갈게요.
긴급 상황입니다.

서둘러요.

안전한 곳에
데려다줄게요.

붐!
다 놓쳐버렸잖아!
이런 머저리들!

나 빼고
한탕들 하러
갔던 거예요?

30

멀리 못 갔을 거야.

내가 찾고 있어. 걱정 마. 찾을 거야.

저 멍청이가 자기들이 쫓고 있는 밥 사진을 트위터에 올려놓고 사촌을 찾고 있다고…

L.A.

그놈들이 집으로 들어간 거 맞아?

3층 문이 열리고 닫히는 소리를 들었던 것 같은데.

이런 멍청이!

주의 좀 했으면 그놈들이 달아나지 못했을 거라고.

32

*나카모토 사토시가
개발한 비트코인
블록체인에서
처음으로 채굴한
블록으로,
오직 사토시만
서명할 수 있다.

2주 전

토니와 미 국가보안국이
밥을 추적하게 된 이유는 무엇인가?
과연 나카모토 사토시는 누구인가?

그건 그렇고,
조지 미드 녀석과
그 똘마니들이 문제야.
전에는 곧잘 하더니만
요즘은 통…

안녕들
하세요?

요즘은
어떠세요?

제가 뭐
놓친 거라도
있나요?

여기서 뭐하고 있는 거냐?

아버지 모임에 끼고 싶었어요.

토니, 여긴 최고위층의 모임이다. 네가 낄 자리가 아니야.

뭐 할 일 없니?

네가 할 자잘한 일들은 이미 다 한 거니?

친구들이랑 나가서 맥주도 좀 마시렴. 근사한 저녁도 먹고. 재밌게 좀 놀려무나.

어이, 토니!
대단한 양반이
웬 행차셔!
모임 있지 않았어?

맥주 좀 줘.

뭔 일이야?

영감탱이가
날 무시했어.

고마워.

진절머리가 나.
도무지 날
인정하지 않아.

허접한 일만
맡긴다고.
사람 겁주는 일,
꿔준 돈 받아내는 일…
근사한 일은 안 맡겨.
아버지를 위해
많은 시간 일해왔는데…
지금쯤 중간 보스 정도는
돼야 하는데, 난 여전히
응석받이로만
취급받고 있어.

자네가 그 빌어먹을 대단한 보스가 되는 비결을 난 알지.

어떻게?

비트코인!

뭐? 비트코인?

비트코인 이라고. 이건 우리의 미래야.

오스카, 그게 뭔대?

오스카? 내 한창때 이름이 뭔지 알지?

음… 슈퍼…뭐였지?

46

---

* '암호화(Crypto)'는 디지털 화폐를 생성하고, 저장하고, 전송하는 데 사용되는 암호화 시스템을 말한다. 가장 잘 알려진 암호화 화폐는 비트코인이지만, 2009년에 비트코인이 출시된 이후, 네임코인(Namecoin), 라이트코인(Litecoin), 프라임코인(Primecoin)과 같은 다른 많은 암호화 가상화폐가 등장했다.

** 자본 통제는 정부, 중앙은행, 그리고 전 세계 강대국들이 각국 경제 내외부의 화폐의 흐름을 규제하고 통제하기 위해 취하는 조치들이다.

컴퓨터에서 일렉트럼(Electrum), 멀티비트(Multibit)와 같은 디지털 지갑을 이용하거나 휴대폰이나 온라인 서비스를 이용하면 전 세계 누구나 몇 분 안에 비트코인으로 돈을 지불할 수 있어요.

비트코인은 분산된 데이터베이스를 결코 벗어날 수 없죠.

게다가 오직 이러한 비밀 키들을 사용해야만 전 세계 사람들 간 거래가 발생할 수 있죠.

한편 개인이 받은 키들은 매우 가치가 있어요. 비트코인은 기존 돈에 대한 우리의 상식을 허물어뜨렸어요. 그야말로 완전히 혁명이죠. 은행의 개입 없이 현금처럼 디지털 화폐를 사용할 수 있게 해주었기 때문이죠.

그래서 이 자가 그 모든 것을 만들었단 건가?

아마도 아닐 거예요. 하지만 후보자 명단에 올라있던 자예요. 실제로 누가 비트코인의 창시자인지는 아무도 몰라요. 2009년에 공개 소스코드로 비트코인 '프로토콜(Protocol)*'을 발표했는데, 비트코인이 유명해지기 시작하자 사라져버렸죠.

비트코인은 부분적으로는 현 금융 시스템에 대한 불만과 은행 구제에 수십 억 달러를 소모하는 데 대한 불만으로 탄생한 거죠.

'사이퍼펑크(Cypherpunks)**'와 '어나니머스(Anonymous)***'와 같은 활동을 하는 사람들도 암호화 가상화폐에 대해 두 팔 벌려 환영했어요.

왜냐하면 이러한 디지털 화폐가 금융 세력과 결탁한 정부로부터 일반인들을 해방시켜줄 거라 믿었기 때문이죠.

현재의 금융 시스템에서는 범죄자들이 거액의 자금을 쉽게 옮길 수 있어요.

맞아요. 전 세계 불법 활동을 위한 자금 지원에 가장 많이 쓰이는 돈의 형태가 바로 100달러 지폐예요.

---

* 인터넷상의 프로토콜은 컴퓨터가 서로 통신하는 데 사용하는 많은 규칙으로 구성된다.

** 감시와 검열에 맞서 자유를 지키려는 방안으로 강력한 암호 기술의 대대적 활용을 주창하는 활동가.
*** '익명'이라는 단어 뜻대로, 누가 어떻게 활동하는지 명확하게 알려지지 않은 국제 해커집단.

그동안 일반 시민들이 사소한 범죄로 갇히거나 고문당했지⋯.

자업자득 아니겠어요. 순진한 양떼 같다고나 할까요.

그들은 텔레비전에 이끌려 알게 모르게 매겨진 세금과 금융 조작으로 자신의 돈을 날리고 있는 것도 모르고 있죠.

자녀와 후손까지 권력, 정부, 은행의 노예로 전락하는 셈이죠.

이 때문에 사이퍼펑크 진영을 비롯한 여러 사람들이 암호화 가상화폐 자체를 구원으로 보고 있어요. 암호화 가상화폐가 좀더 민주적인 사회를 만들 수 있다고 믿는 거죠.

앞으로 분산화될 수 있는 모든 것이 더욱 분산화될 것으로 보여요. 대규모 벤처 캐피털 회사들은 이미 이점을 알고 있죠. 하지만 은행들은 비트코인의 힘을 여전히 부정하고 있어요. 비트코인이 자신들의 이익과 고리타분한 체계에 도전하고 있어서죠.

은행들은 최근 몇 년간 신문, 여행사, 통신 산업 전반에 걸쳐 벌어진 '탈중개화 (Disintermediation)'*에 굴복하고 싶어 하지 않죠. 은행들이 조만간 정신 차리지 않으면 다른 산업들과 비슷한 운명에 놓일 거예요.

많은 나라들은 비트코인과 같은 혁신을 제한하려고 애쓰고 있어요. 다만 싱가포르 정부는 비트코인의 개발을 막는 관료적 규제와는 노선을 달리하고 있어요. 싱가포르 정부는 비트코인 기술을 통해 일자리를 창출할 수 있을 뿐 아니라, 선진국 중 선도적 위치에 오를 수 있다고 믿고 있어요.

중국과 같은 다른 나라들은 비트코인의 사용을 제한하는 규제를 공식화했어요. 중국의 경제 정책 자체가 중국에서 유출되는 자금을 통제하는 정책을 쓰고 있기 때문이죠.

* 기업과 소비자의 직거래 때문에 도매상, 소매상, 브로커, 대리점 등 중개인의 역할이 줄거나 없어지게 되는 추세.

50

그자를 찾는 데는 몇 달 정도면 될 것 같습니다…

아… 네, 알겠습니다.

시간이 없어. 우린 망했어…

Cheshire coffee

그래서 나카모토가 모아둔 비트코인을 찾아야 돼. 어떻게 더 빨리 찾아낼 수 있을까?

BRMMM BRMMM

네 또 살인 사건이에요.

나카모토 후보자 목록에 있던 또 한 명이 살해당했어요.

또 다른 나카모토 후보인 키위 리슬렛이야. 같은 방식으로 살해됐어요. 나카모토를 쫓는 사냥꾼이 있다는 증거군요.

흥미로운 정보가 있어.

저도요. 범인이 누군지 알 것 같아요.

벌써?

예. 전문가들의 소행이 아니에요. 흔적을 남겼죠.

오스카 콤스탁. 슈퍼 해커로 통하던 인물이에요. 이자가 소셜 미디어에서 며칠 만에 나카모토를 찾을 거라고 허풍을 떨고 있었죠.

그가 몇 가지 신원조사 프로그램을 산 다음 모든 사람에게 자랑삼아 자신이 한 일을 떠벌리고 있는 중이에요.

어제부터 오스카 블로그에 올라와 있는 이 내용 좀 보세요. "빌어먹을 해커들아! 키위를 뒤쫓고 있다고!"

이 자는 혼자가 아니에요. 토니와 한패예요.

뭐, 누구?

야, 그는 그리 중요한 자가 아니에요. 조직의 하수인일 뿐이고요. 지금 끝장내죠.

기다리는 게 상책이야.

왜요? 어찌시려고요?

저 일당들이 밥을 놓쳐 버렸어.

이런 쓸모없는 멍청이들.

오늘 목표물에 대해 알아낸 게 좀 있나?

같이 보시죠.

이름은 밥 갤트, 대학 교수예요.

여자 친구가 있는데 동거하고 있지는 않아요.

거기는 찾아가 봤자 별 소득이 없을 거야. 명심해. 누군가 밥을 돕고 있다고.

아무도 모르는 사이 밥의 전화가 추적되고 있다.

지역 뉴스 시간입니다.

58

무슨 말을 하는 건지 모르겠소.

애초에 쉬운 일은 아니라고 생각했는데…

대체 뭐가 어떻게 돌아가는 거요?

그자들은 당신을 나카모토 사토시라고 여기고 뒤쫓고 있는 거예요.

아까 그 자들 중 하나가 저를 그렇게 부르더군요.

어딘가 낯익은 이름이에요.

사토시는 비트코인을 만든 사람이에요.

책에서 본 것 같네요… 전자화폐라…

* 초저금리 상태에서 경기부양을 위해 통화량을 늘리는 정책. 그로 인해 자국의 통화가치가 하락하고 물가는 상승하게 됨.
** 자국의 화폐가치가 떨어지는 것을 의미함.

* 비트코인은 발행 주체는 없어도 컴퓨터를 사용해 암호 데이터 더미 속에서 암호를 풀면 비트코인이 생성되도록 구성돼 있다.
그래서 비트코인을 생성하기 위한 암호화 해독 과정을 과거 금광을 캐는 것과 유사하다고 하여 '채굴'이나 '마이닝한다'고 부름.

우리가 놈을 잡았어요!

밥이 자신의 휴대폰으로 전화를 걸었어요.

좋았어!

잡으러 가죠.

아니, 기다려. 우선 밥이 진짜 나카모토인지 토니가 알아내도록 하자고.

하지만…

좋은 생각이에요, 말렛. 이봐 고스, 밥에게 자네가 '팬'이라고 하면서 메시지를 보내봐. 그가 나카모토라면 아마 의심하지 않을 거야.

이상한 메시지가 왔는데요.

메시지가 도착했습니다.

'제목: 인간성을 파괴하라!'

그래서, 이 자가 당신이 원하는 자야?

응. 함께 가서 그놈이 도망가지 못하게 해줘.

걱정 마. 녀석은 도망갈 수 없을 테니.

명심해. 꼭 생포해야 해.

상황이
여의치
않아요.

왜?

보세요. 토니가
어떤 자들을 데려왔는지.
카스틸로의 부하들이
아니에요.

용병들이에요.

여차하면 방아쇠를
당겨버릴 자들이죠.

쥐새끼들!

나를 생포하려는 거 아닌가요?

이런 멍청이들, 쏘지 말라니까.

죽이지 말란 말야!

죽일 놈들,
가죽을 벗겨
버릴 테다.

81

토니, 정말 우리를 귀찮게 할 자들이 들이닥치기 전에 빨리 이 난장판을 치워라.

이봐! 자네들이 이 사태를 수습하고 내 아들에게 아무 일이 없도록 해준다면 자네들의 빚을 탕감해주지.

…오늘 사태뿐 아니라 지난 몇 주간 내 아들이 벌인 모든 일을 수습하란 말일세!

예, 물론 이죠.

토니 용병들의 비용, 저자들의 빚 등 모든 비용은 네가 물어야 한다.

하지만…

그래, 네가 돈이 없다는 걸 알고 있지. 그러니 방금 네게 말한 모든 빚을 갚을 때 까지 열심히 일해야 할 거다. 개처럼 말이야.

혹시 네가 허접한 일을 해왔다고 생각한다면, 이제 그 허접한 일 실컷 해봐라!

우리가 원한다면 모두
나카모토 사토시가
될 수 있다….

우리는 모두
인간 본연의 자유에
기여할 수 있다.

진정 우리 삶을 스스로 이끌기를 원하는가?
우리의 존재에 대한
진정한 주인이 되길 바라는가?
우리의 운명을 스스로 정하기를 원하는가?

그렇다면
우리는
사토시다!!

>_ …

>_ 추가 정보

>_ 로딩 중…

>_ 핵심 개발자와 비트코인 프로토콜

GAVIN ANDRESEN

비트코인은 2009년 나카모토 사토시가 발표한 오픈소스 프로젝트이며, 이 비트코인을 개발한 프로토콜은 오픈소스 프로토콜이다. 이는 소스 코드의 설계와 소스 코드 자체를 모든 사람이 검토할 수 있으며, 그 누구도 소유하거나 제한할 수 없다는 의미다. 이 점은 자발적 개발자들로 구성된 글로벌 커뮤니티를 통해 보장된다.

사토시는 2010년에 비트코인 개발 리더이자 비트코인 핵심 유지보수 인사의 지위를 개빈 안드레센(Gavin Andresen)에게 넘겼다. 이후 수백 명의 개발자가 비트코인의 개선을 돕고 있다. 2014년 4월 8일부터는 개빈 안드레센의 후임으로 올라디미르 J. 판데르란(Wladimir J. van der Laan)이 개발 리더의 자리에 올랐다. 개빈은 비트코인협회의 수석 과학자로 남을 예정이지만, 직접 비트코인 프로토콜의 코딩 업무를 하기보다는 기술 발전 전략에 대한 연구를 더 많이 할 예정이다.

비트코인은 개발자들 없이는 유지될 수 없다. 그런데 안타깝게도 우리는 여기서 비트코인을 개선하는 데 기여한 모든 개발자에게 경의를 표할 수는 없다. 다만 세간에 알려졌든 그렇지 않든 비트코인 코딩 업무를 해온 모든 개발자에게 경의를 표하려고 한다. 우리는 비트코인의 핵심 부분을 변경할 역량을 보유한 자들로서 (2014년 7월부로) 지난 몇 년 동안 활발히 참여해온 개발자들에게도 경의를 표하고 싶다.

>_ 저자가 소개한 비트코인 핵심 개발자들

킴 닷컴 @KimDotcom
www.kim.com
메가업로드 사이트뿐 아니라 메가업로드의 후속 사이트인 메가 사이트의
창립자. 2012년 1월에 뉴질랜드 경찰은 미국에서 제기한 메가업로드 사이
트의 저작권 침해 혐의로 그를 구치소에 구금했다. 그는 1억 5,000만 명 회
원을 보유한 이 파일 공유 사이트에 업로드된 5억 달러 규모의 불법 복제
콘텐츠로 기소됐다.

휫필드 디피 & 마틴 헬만
디피-헬만의 키 교환은 암호화키를 주고받는 방식이자 비트 코인이 구현
을 위한 기본 요소 중 하나다. 이 방식은 1976년에 디피와 헬만이 처음으
로 공표했다. 다만 영국의 신호 정보국인 정보통신본부 소속인 제임스 H.
엘리스(James H. Ellis), 클리퍼드 콕스(Clifford Cocks), 맬컴 J. 윌리엄슨
(Malcolm J. Williamson)이 디피와 헬만보다 몇 년 일찍 암호화키 교환 방
식을 창안하긴 했으나, 이는 기밀 사항으로 유지됐다.

닉 사보
www.unenumerated.blogspot.com
자칭 '비트 골드(Bit Gold)'라고 부른 분산된 디지털 화폐용 메커니즘을 개
발했다. 일부 사람들은 이 메커니즘을 '비트코인 아키텍처의 직접적인 효
시'라고 부르기도 했다. 닉이 바로 가명을 사용하는 비트코인 창안자 나카
모토 사토시라는 의견을 개진한 사람들도 있었다. 그는 또한 디지털 계약
과 디지털 화폐에 대한 연구로도 잘 알려져 있다.
'현명한 계약'이라는 문구와 개념도 닉이 개발한 것이다. 이는 자칭 '고도로
진화된' 계약법을 시행하고, 인터넷상에서 낯선 사람들 간 전자 상거래 프
로토콜을 설계하는 데에 목적이 있었다.

개빈 안드레센 @gavinandresen
www.gavinthink.blogspot.com
현재 비트코인 재단의 수석 과학자. 나카모토 사토시에 이어 2010년 비트
코인 핵심 개발 리더를 역임했으며, 2014년 4월에 그 자리를 블라드미르 반
데르 란(Wladimir van der Laan)에게 인계했다.

제프 가직 @jgarzik
노스캐롤라이나 레드햇의 정규직원이면서도 3년간 비트코인 협회에서 파
트타임으로 일하면서 비트코인의 핵심 프로토콜을 개발하는 데 기여했다.
비트코인 지급 프로세서 중 하나인 비트플레이(BitPay Inc.)에서는 2013년
에 제프를 정규직 비트코인 핵심 개발자로 고용했다.

데이비드 차움
www.chaum.com
데이비드는 자신이 설립한 디지캐시(DigiCash)에서 개발한 전자화폐 이캐
시(Ecash)뿐 아니라 많은 암호화 프로토콜을 창안했다. 그의 1981년 논문
『추적할 수 없는 전자메일, 반송 주소, 디지털 가명』은 익명 통신 연구 분
야의 토대를 마련했다.

웨이 따이
www.weidai.com
웨이의 B-머니(B-money, 익명 분산 방식 전자화폐-옮긴이) 제안은 비트
코인을 만들어낸 선구자적인 아이디어다. 웨이는 1998년 11월에 사이퍼펑
크 회원들을 대상으로 출간한 에세이에서 두 가지 프로토콜을 제안했다.
그 첫 번째 프로토콜에서는 비트코인과 유사한 방식으로 암호화 화폐를
채굴하는 수단으로 작업증명 방식의 활용을 제안하고 있다.

>_ 감사의 글

이 책의 그림을 그릴 때 나를 믿어준 모든 사람에게 감사하며, 이 과정에서 나를 지원해준 가족과 친구들에게 고마운 마음을 전한다. 특히 애나(Ana)와 제대로 그릴 수 있게 도와준 프레데릭 피터스(Frederik Peeters)에게 감사한다.

그림 호세 엔젤 아레스

94

여느 문학 작품과 마찬가지로, 모든 책의 출간은 저자뿐 아니라 많은 사람의 공헌으로 이뤄진다. 이 책도 마찬가지다. 이 책을 만들고 개선하는 데 도움을 준 모든 사람에게 진심으로 감사한다.

이 책을 읽고 이야기 흐름의 개선 방안에 대해 자신의 아이디어를 나눠준 펠릭스 모레노 데 라 쿠에바(Felix Moreno de la Cueva)와 기술적인 제안을 해준 빅토르 에스쿠데로(Victor Escudero)에게 감사의 마음을 전한다. 특히 몇 달에 걸쳐 그래픽노블을 검토하고 편집하는 과정에서 나를 지원해준 엘레나 프리에토 란달루세(Elena Prieto Landaluce)에게도 고맙다는 말을 전하고 싶다. 스페인어를 영어로 번역해준 세르게 샤우터덴(Serge Schouterden)과 자신의 작품(http://www.cybersalon. org/cypherpunk)을 통해 영감을 주고, 이 책의 영어판을 검토해준 리처드 보세(Richard Boase)에게도 감사한 마음을 전한다. 영어판의 최종 교정을 도와준 로리 고든(Laurie Gordon)과 케널리 클레이(Kennerly Clay)에게도 감사한다.

스웜닷코(SWARM.co) 팀은 자신들의 첫 프로젝트인 이번 책 출간을 통해 놀라운 일을 해냈다. 그들은 문잘 샤(Munjal Shah), 벤 잉그램(Ben Ingram), 조엘 디에츠(Joel Dietz), 제프 카벤스(Jef Cavens)와 함께 초기부터 이 그래픽노블의 성공을 믿어줬다. 또 코인스크럼(CoinScrum)의 폴 고든(Paul Gordon)과 데이브 펜리치(Dave Fenrich)는 내게 매우 귀중한 지원을 해줬다. 전 세계에 비트코인을 교육하는 데 성원을 아끼지 않은 하산 카라한(Hasan Karahan), 올리버 얀센스(Oliver Janssens), 지프티알닷컴(Ziftr.com)의 로버트 윌킨스(Robert Wilkins)와 쉬매츠(Shmadz)에게도 진정으로 감사한다.

늘 그렇듯이 이 책도 아내와 아이들의 도움 없이는 출간할 수 없었다. 우리 아이들이 읽는 법을 배울 때쯤이면 내가 그랬듯이 이 책을 재미있게 읽길 바라며, 자신들의 아버지가 더 좋은 세상을 만들기 위해 작은 기여를 했다는 사실을 알아주기 바란다.

글 알렉스 프록샤트

**비트코인
탄생의 비밀**

초판 1쇄 발행 2017년 9월 1일
초판 2쇄 발행 2018년 2월 1일

글 알렉스 프록샤트 & 요셉 보우스켓
그림 호세 엔젤 아레스
옮긴이 심진희

펴낸이 손은주 **편집주간** 이선화 **마케팅** 권순민
경영자문 권미숙 **디자인** Erin

주소 서울시 마포구 공덕동 404 풍림빌딩 424
문의전화 070-8835-1021(편집) **주문전화** 02-394-1027(마케팅)
팩스 02-394-1023
이메일 bookaltus@hanmail.net

발행처 (주) 도서출판 알투스
출판신고 2011년 10월 19일 제25100-2011-300호.

ⓒ 알렉스 프록샤트 & 요셉 보우스켓 2017
ISBN 979-11-86116-16-6 03320

이 도서의 국립중앙도서관 출판시 도서목록(CIP)은 서지정보유통지원시스템 홈페이지
(http://seoji.nl.go.kr)와 국가자료공동목록시스템(http://www.nl.go.kr/kolisnet)에서 이용하
실 수 있습니다(CIP제어번호: CIP2017019323).

※ 책값은 뒤표지에 있습니다.
※ 잘못된 책은 구입하신 곳에서 바꾸어 드립니다.